AF296281

TESTAMENT

DE LA TES-VET-VEVSE

REYNE MERE

DV ROY

LOVYS XIII.ᵉ

M. DC. XLIII.

TESTAMENT
DE LA TRES-HAVTE
... MERE
DV ROY
LOVYS XIII

M DC XLIII

TESTAMENT
DE LA
REYNE MERE
DV ROY.

IN NOMINE SANCTISSIMÆ AC
indiuiduæ Trinitatis, Amen.

A Tous qu'il appartiendra, soit notoire qu'en l'an de nostre Redemption de Iesus-Christ 1642. en la dixiesme Indiction, regnant l'Empereur Ferdinand de ce nom le 3. en l'an de son Empire Romain le 6. Mercredy le 2. Iuillet en la Ville Imperialle libre de Cologne sur le Rhin, la tres-haute & tres-puissante Dame MARIE DE MEDICIS par la grace de Dieu Reyne de France & de Nauarre Mere du Roy Tres Chrestien Louys XIII. de ce nom, en son lict malade mais de tres-bon iugement & parolle, pardeuant moy Notaire Imperial immatriculé, constitué a déclaré & déclare en vertu de cette presente.

Q'VAYANT pensé à l'heure de la mort, & d'icelle l'incertitude, sa Majesté a resolu de disposer en forme suiuante, recommandant son Ame à Dieu son Createur, à la tres-saincte Vierge Marie, & a tous les Saincts, & lors que Dieu aura disposé de son ame, elle veut & entend que son Corps soit posé dans l'Eglise de S. Denys en France pour y estre inhumé auec les autres Roys & Reynes de France, & pres de celuy du feu Roy Henry IV. d'heureuse memoire que Dieu absolue. Sa Majesté suplie le Roy d'vn amour maternel d'auoir esgard non seulement aux choses cy apres declarees, mais mesmes d'en prendre vn soin tres-particulier, comme choses à luy expresse-

A

ment enchargees & recommandees par la Reyne fa mere
la derniere heure de fa vie, laquelle à declaré & declare que no-
nobſtant tout ce qui c'eſt paſſé peu auant fa ſortie de France, &
depuis ſon entree en Flandres iuſques à maintenant, elle a tou-
jours conſerué & conferue en ſon Cœur les affections & les ſentimens d'vne Reyne enuers ſon Roy & les tendreſſes d'vne Mer-
enuers ſon enfant, ſouhaittant & defirant au Roy toute forte de
bon heur Proſperité & longue Vie. Quand aux deuotions pieu-
ſes elle en laiſſe le ſoin au Roy ſon Fils, ſe promettant de luy qu'il
les fera ſelõ la dignité d'vne Reyne de France. La Chappelle de
ſa Maieſté fera entre les Carmelites d'icy dãs la
& celle d'Anuers partagé par le Vicomte Fabrony.

Et pour les officiers & domeſtiques de la Reyne preſentement
a ſon feruice & près d'elle, ſa Maieſté a voulu que les noms fuſ-
ſent icy inſerez pour eſtre d'autant plus recommãdables au Roy
ſon fils, leur laiſſant a chacun deux pour recompenſe de leur ſer-
uice, & pour don les ſommes ſuiuantes outre & par deſſus ce qui
leur eſt deub de leurs gaiges & appointemens dont quelques vns
en ont eu des promeſſes de ſa Majeſté, & les autres qui n'en ont
pas eu, ils leur ſerons arreſté & liquidez ſelont les Eſtats de ſa
Maieſté.

A Monſieur le Vicomte Fabrony ſon premier Miniſtre, à
Madame ſa femme, ſix cheuaux de Carroſſe, vn Carroſſe, &
quatre Mulets à ſon choxi.

A Monſieur le Bailly Iean François de Martelly ſeruant d'Eſcuyer, à M. Iean Baptiſte de Liots ſeruant auſſi d'Eſcuyer chacun. dix mil liures.

A Monſieur de Margonne pour le feruice qu'il a rendu à ſa Mà-
ieſté cinq annees, mil liu. par an attendu que la Reyne ne luy a
donné aucune choſe, ſa Maieſté declarant auſſi auoir emprunté
dudit Margonne pour employer à ſes affaires la ſomme de deux
mil liures de laquelle ſomme elle veut qu'il en ſoit payé & rem-
bourſé ſur les meubles par preference à toutes debtes; comme
auſſi la Reyne la deſchargé plainement de ce qu'il a manié pour
ſon feruice par les ordres de ſa bouche & dont il ne luy reſte au-
cuns deniers en ſes mains, luy reſtant deub leſdites deux mil liu.
dont eſt fait mention cy deſſus.   A

A Mademoiselle de Berayeux fille d'honneur, xii, mil liures.
A Iacqueline Deshayes femme des filles, ii. mil liures.
A Mademoifelle de S. Martin Gouuernante des filles x. m. li.
A Mademoifelle Seruage premiere femme de charge, estant la plus ancienne seruante, xii. mil liures.
A Madem. Cedony Mergey, & Nicolle femme de chambre à chacune, x. mil liures. A ladite Nicolle pour recompense de la charge de valets de garderobe qu'auoit acheté feu Nicolle son mary, iiii. mil liures. A la fille de ladite Nicolle femme de chambre, iii mil liures. A Marie Cedony filleulle de la Reine, x. mil liures. A Monfieur Riolland premier Medecin de la Reyne, xx. mil liures. A Monf. Dagary autre Medecin, xx. m. l.
A Monfieur de la Roche premier Chirurgien, xv. mil liures
A Monfieur Falouchy Appotiquaire du Corps, x. mil liures. & à son Compagnon. mil liures.
A M. Huart Secretaire ordinaire de sa Maiesté, xv. mil liures.
A Mon. Demonceaux Confesseur de sa Maiesté, vi. mil liures.
A Monf. Sauuage Chapelain de sa Maiesté, vi. mil liurer.
A Iean pannier sommier de Chappelle, iiii. mil liures.
A Monfieur de Maroy Enseigne des gardes du Corps, soixante mil liur. A Monf. Garnier Controlleur, xviii mil liures.
A Louys le Nilindre, Pierre Roussel, & Louys Lamy, valets de Chambre chacun, x. mil liures. A Claude le Moyne huissier du Cabinet & garçon de la Chambre, x. mil. liures.
A Philippe Clement Huissier de Chambre, xii. mil liures.
A Philippe Pierre Huissier de l'anti-Chambre, vi. mil liur.
A Martin Guiot garçon de la Chambre & chef de fruiterie, x mil liures. A Henry Guiller Tapissier, vii. mil liures.
A Iean Cocquet chef de fruiterie & seruât de Menuissier vi. m. l.
A Charles Guiller porte chaire & chef de fruiterie, x. mil liu.
A Iacques Guyot porte faix de la Chambre, iii. mil liures.
A Iean Breton chef d'eschansonnerie & sommier de fruiterie, vi. mil liures. A Pierre Bertrand Ayde d'eschansonnerie bouche, vi. mil liures. A Roger du Painier à qui la Reyne a donné vne charge de sommier de pannetrie de bouche, iii. mil liures.
A Michel Pilon bouche, vi. mil liures. A Henry Breton enfant de cuisine faisant la charge de Mademoiselle Yeux, bou-

che. vi. liures. A Dominique parquin & Pierre Gerar sommier,
bouche, chacun. vi. mil liures. A René Deshayes paticier. 8.
mil liures. A Robert Deshayes à qui ladite Dame a donné vne
charge de potage, bouche, mil l. A Iacques Oliuier du Tretoufi
Huiffier de Salles. 3.m.l. A Matthieu Auffier garçon feruant à la
garderobe, iii mil liur. A Claude Garo chef de fruiterie. 6000. l.
A Gabriel du Pays galopin de la cuifine du commū. ii. mil l.
A Iean Gaffeau gardant le Perroquet.　　　iiii mil liures.
A Iean de Forcan Ste Colombe Cler du guet. viii. mil liures.
A Ifabelle Guillin lauandiere du corps,　　vi. mil liures.
A Anne Blanchaumier Marchande de linge.　vi. mil liures.
A Ieanne Guille Pierre lauandiere de cuifine, ii. mil liures
A Gabriel le noble, Laurent Lury, Eftienne Seguier chacun.
ii. mil liures. A Nicolas loche Marefchal des filles. iii mil liures.
A Regnier Barthelemy Huiffier de Salle. iii. mil liures. A Iean
le Comte dit Gallien grand valet de pied, & porte manteau. vi.
mil liures. A Iean Breual, Iean pronilles, Pafquier le Hay & Iean
Defnots auffi grand valets de pied, chacun　iiii. mil liures.
A Roch Saulo à qui la Reine a donné vne charge de portier.
mil liures. A Iean Genty cocher du corps, v. mil liur. A Anthoine
du May fon poftillon, ii. mil liures. A René Guillet cocher des
filles. iiii. mil liures. A Renault fon poftillon. mil liures. A Claude Brabaud cocher du Chariot, & porteur de la chaire de la
Reyne, iiii milliures. A François Gaye Boulanger de la Reyne
mil liures. A Pierre Monbrun Cordonnier de fa Maiefté, mil
liures. A charles François qui a feruy de Tailleur, & fuiuy la
Reine, mil liures. A François Garreau à qui la Reyne a donné
vne charge d'Huiffier de Salle, mil liures. A Gilles Grocel du
Bois. iii mil liures. A Antoine Chermitte, mil liures. A Pierre
du Coing, mil liures. A Anthoine Gardinal & Iean Herue dit
Gerar, garçon de la cuifine, bouche.　　　mil liures chacun.
A Anthoine Matthieu Marin, Mulpier du corps,　mil liures,
A Pierre Poteo autre Mulpier,　　　　viii. cens liures.
Aux femmes des Damoifelles Sauuage Claudée & Mergé,
Nicolle femmes de chambre & a Mademoifelle S. Martin eftāt
en nombre toutes à chacun mil liures. A Ifabelle le Roy
qui a feruy feu Mademoifelle du Buiffon femme de chambre de
la Reine.　　　mil liures

La

La Reyne ayant auſſi vn reſſouuenir de ſes autres Officiers Domeſtiques tant de ceux qui l'ont ſuiuy hors de France, & qui ont demeuré aupres de ſa Maieſté, iuſques à ce qu'elle les a côgediez & renuoyez chez eux côme auſſi pour ceux qui ont touſiours demeuré en France, elle les recommande particulierement au Roy ſon fils, à ce qu'ils ſoient payés de leurs gages, & appointemens à eux deubs, & que les promeſſes qu'elle en a donnees à quelques vns d'iceux ſoient payées & acquittees: En outre la Reine a donné & legué aux ſuiuant deſnommez les ſommes cy ſpecifiees pour recompenſes des bons & agreables ſeruices qu'ils luy ont rendus, & qu'elle recommande au Roy de faire acquiter.

A Madem. de Mornay qui a eſte femme d'honneur xii. mil li. A la Dam. du Bieu femme des filles, vi. m. l. A Monſieur Derniers S. Geneſt Eſcuyer xv. mil liures. A Monſi. Delalun Eſcuyer ordinaire. xv. mil liures. A Monſieur Briſſonnet Maiſtre d'Hoſtel. xii. m. l. A Monſieur Gaudron ayant fait la charge de Treſorier general de ſa maiſon, x. mil l. A M. le Noir Controleur General. xii. mil liures. Aux Damoiſelles Launay, la Maſure Babuiſſon & Filutier femmes de Châbre de ſa Maieſté, chacune x. mil liu. A Françoiſe Iacquin fille du Medecin iiii. mil liures. A Meſſieurs Iacquetot, Matery & la Borde Gentils-hommes ſeruans chacun, x. mil liures. A M. la Lormiere xv. mil liures. A Charles Mauleon Huiſſier du cabinet vi. mil liures. Au pere Breon clerc de la chapelle, iiii. mil liures. A Nicolas Guilloré chef de fourriere. iii. mil liures. A la Damoiſ. Marion femme des filles pour elle & ſes enfans x. mil liu. A M. de Codan maiſtre de la Garderobbe pour le rembourſer de ſa charge xii. mil liur. A Sebaſtien Guilloré du Buiſſon de fourriere. iii. mil liures. A Philippes le Moine ayde de ſchanſonnerie, bouche, vi. mil liur. A Charles le Moine valet de pied des filles. iii. mil liures. A la Chappelle ayde de pannetrie commun. iiii. mil liur. A Philippe le Moine porteur du commun xv. cens liures. A Iean Cocharay de de pannetrie bouche. iiii. mil liur. A Pierre le Feure ayde de fruiterie commun iiii. mil liures. A Nicolas Faure bouche. iiii. mil liures. A Guillaume Guerry gallopin bouche, ii. mil liu. A Martin de coffre chef de fourriere. ii. mil liures. A Gaſpard Graſſeau garde de Perroquet & des oyſeaux de la chambre v. mil liures. A René Chandoyn ayde de fourriere, ii. mil liures. A

George Orton porteur de la cuisine, bouche, ii. mil liures, A
Connulles Escuyer de la cuisine bouche iiii. mil liures. A Iullien
du Bois chef deschansonnerie commun, iii mil liures, A Monsi.
Deschamps Colonnel d'infanterie en Hollande, xv. mil liu. Au
Page d'or Baron Lunaille resident pour sa Maiesté Catholique a
Bruxelles par promesse. xv. mil liures. A Monsi de S. Germain
premier aumosnier de la Reine, elle luy baille sa vesselle d'argét
outre ce quelle a commandé a Monsi. Sauuage de luy donner.

La Reyne recommande encore au Roy son fils, de faire acquitter les sommes suiuantes, lesquelles sa maiesté doit pour argent presté, à elle mesme, ou pour des auances faites pour son seruice, comme aussi pour dons & recompenses, sçauoir.

A Mademoisel. de S. Martin gouuernante de ses filles mil liu. payez à Lion selon l'ordre de la Reyne en l'annee 1630.

A Madame la Comtesse de Maureau, xxx. mil liures, tant en principal qu'en interests d'argent par elle presté à sa Maiesté.

Aux Sieurs de Mergé, Maurice, & Vaudeuille gardes de sa Maiesté chacun iii. mil liures, outré & par dessus vi. mil liure dont ils ont des promesses de la Reine.

A Mon. d'Henner eur Gentil homme qui a suiuy & seruy sad. Maiesté. viii. mil liures.

A des Marchands de la ville de Bruxelles iii. mil 600, l. pour auance faite pour le seruice de la Reyne.

Au Sieur Louÿs Iean Malo xx. mil 500. liures, à luy deubs & par luy aduancés sur les ordres de la Reine qui ont esté emploiés pour faire subsister la maison depuis le mois de Mars dernier, iusques enuiron le xx. de May ensuyuant, laquelle somme sa Maiesté veut estre payee par preference. Quand à la despense faicte en la maison de sadite Maiesté depuis ledit temps & iusques à present ce qui se trouuera deub aux Marchans, de Coloigne, & Officiers de sadite Maiesté, elle entend que cela soit payé promptement & a prendre sur ces meubles à Coloigne, comme aussi sera payé de mesme nature ce qui se trouuera deub a deux marchands de soye & de drap demeurans à Colloigne pour fourniture de choses faites pour le seruice & par l'ordre de sa M.

A Mademoiselle Sauuage tant pour elle que pour son fils Monsieur de la garderoble est deu par la Reine la somme de xviii. mil liures, pour aduance faite pour sa M. & des fournitures faites à

fa garderobbe, cette fomme outre & pardeffus la promeffe de fa
Maiefté cy-deuant donnee au S. Codon, pour gaige & apointe-
ments de fa charge.

Sa Maiefté recommande auffi au Roy fon fils, dauoit efgard
aux engagemens où fe trouueront les heritiers du feu fieur d'Ar-
gouges fon treforierpour les feruices de la Reine, comme auffi
aux promeffes qu'elles a donnees aux fieurs Guyot & Dubyé
pouruoyeur de mil liures & Boulanger Lobert Marchands de
vins, la Chambre tailleur, & autres Marchans de Paris qui ont
fait des fournitures à fa Maiefté, faifant acquiter tout ce qui fe
trouuera deub par la Reine; laquelle recommandeauffi au Roy
fon fils de faire pourfuiure pour le paracheuement de la beatifi-
cation de la mere Anne de S. Barthelemy en fourniffant aux
defpens neceffaires, œuures pieufes commencees par la Reyne.
Sadite Maiefté demande au Roy pargraceifpecialle la derniere
quelle luy demandera iamais, de mettre en liberté ceux qui fe
trouuent emprifonnez pour l'amour d'elle, & d'annuller toutes procedures faites contre d'autres perfonnes fes feruiteurs
prefentemēt hors du Royaume leur donnant liberté dy pouuoir
rentrer & les remettre en leurs gages, biens, honneurs & dignitez, pour en feruir en toute tranquillité. Sa Majefté doit auffi à
Monfieur Vautier cy-deuant fon premier Medecin vi. mil liu.
que le Roy aura agreable de luy faire rendre, & payer à Ioachin
Huren marefchal ferrant l'efcurie de la Reine, fa Maiefté luy
donne ij. mil liures de recompenfe pour l'auoir feruie; LaReine,
n'ayant rien eutant agreable côme les feruices duSieur Vicomte
de Fabrony fon premier Miniftre par luy continuez vne fi lôgue
efpace de temps, dont fa Maiefté demeure tres fatisfaite, & con-
tente, ayant regret de ne les auoir peurecompenfer comme elle
eut defiré, & felon fon fouhait, &iceluy S. Fabrony ayant in-
tention de s'en retourner a Florence elle recommande inftam-
ment a fon Neueu le grand Duc de Tofcane, l'honnorer des
charges & dignitez de fon Eftat, & pour derniere grace & par
le pur reffouuenir & requefte que luy en fait la Reine, il le veille
gratifier en fa condition de la dignité de feruiteur, cette affaire e-
ftant celleque laReine a le plus en penfée & comme telle elle en
charge Meffieurs les Nonces ordinaires & extraordinaires, les

C

conuiant de vouloir en eſcrire à ſondit Neueu le grand Duc de Toſcane, au nom & par ordre de ſa Maieſté, luy faiſant entendre les ſentimens où ils l'ont veuë vers ledit ſieur Fabrony, & la ioye quelle auroit voyant & apprenant comme ſondit Neueu faict cas de ſa recommandation.

Quand à la Dame de Fabrony ſa femme la quelle à ſi digne-ment & ſi aſſiduement ſeruy ſa Maieſté à ſon contentement & ſatisfaction, Ce que la Reine nous a dit preſentement. Sa Ma-ieſté ſupplie le Roy ſon fils inſtament de donner ordre que lad. Dame de Fabroni aye tout le bien qui luy appartient en France & quelle en reçoiue les deniers ſans aucune perte, dommages, ny intereſts pour elle empeſcher, auſſi que pour ce ſuiet elle ne ſoit reduitte aux procez & contraintes de plaider. Quand au ſei-gneur Dom Iulio de Medicis qui a ſeruy la Reine depuis certain eſpace de temps & qui eſt maintenant aupres d'elle, Sa Maieſté le recommande au Roy ſon fils auec ſes affections, & d'en faire le cas que meritent les perſonnes de leur condition. Sa Maieſté entend que pour les ſeruiteurs qui ne pourront aller en France puiſſent eſtre payés de ce quelle leur laiſſe ſur les meubles quelle a preſentement icy aupres d'elle. La Reine recomman-de auſſi à ſon Neueu le grand Duc les Seigneurs Dom Iulio ſes freres les conſiderant & fauoriſant comme perſonnes premieres & principales de ſon Eſtat. Là veut qu'apres ſa mort & dans cette ville de Coloigne il ſoit dit ſix mil Meſſes pour le ſalut de ſon Ame, & que l'argent en doit pris ſur les meubles qui y ſont: Quãd aux heritiers de ſa Maieſté elle laiſſe & ordonne le Roy ſon fils & Monſieur le Duc d'Orleans ſes enfans, voulant auſſi qu'ils ſoient les executeurs de cettuy ſon teſtament & derniere volonté ence qui regarde les choſes de pendantes de la France, emploiãt & affectant pour ce ſuiet les meubles de la Reine, eſtant en la maiſon de Luxembourg, & les autres meubles & immeubles qu'elle a dans le Royaume: Et pour les choſes que ſa Maieſté veut eſtre faites en cette ville de coloigne elle ordonne l'execu-teur de ſon teſtament le Prince Electeur de coloine ſon parent, employant à cet effect les meubles qui s'y trouueront: La Reine donne quelque choſe à ſa Saincteté, comme auſſi au Cardinal Barberin ſon Nepueu, & à meſſieurs les Nonces ordinaires &

extraordinaires cy presens à la discretion du Vicôte de Fabrony.

A la Reine de France le Diamât auec lequel sa M. a esté mariée

A la Reine d'Espagne le Liure de Diamant où il y a du precieux sang de Nostre Seigneur.

A la Reine d'Angleterre sa vraye Croix qui est entouree de Diamants & rubis.

A Madame la Duchesse d'Orleans vn diamant en cœur, en bague. A la Duchesse de Sauoye son Diamant où il y a plusieurs reliques dedans.

A Mademoiselle, luy rendre les Perles qui luy appartiennent

Au Prince Electeur de cologne pour la conseruation de la constitution & coutume de la patrie vn Tournizes & vn pour la Fabrique de l'Eglise Metropolitaine de la valeur.

Item, Pour son Altesse le Prince Electeur, L'anonciat que la Reine portoit sur elle.

Au grand Duc de Toscane quelque chose a la discretion du Vicomte de Fabrony.

A la grande Duchesse sa femme vn Chapelet de Crisolites garny de Diamants & Rubis, & portera les presens des grands Duc & de la grande Duchesse, le Vicomte Fabrony, comme aussi les presens de la Reine regnante & de la Duchesse de Sauoye seront faits par mademoiselle de Fabrony.

Laisse aussi sa Maiesté au Sieur Dom Iulio vne bague, & quelque chose de valeur de mil escus.

Au President le Coigneux quelque bague & quelque chose particuliere à la discretion dudit Fabrony.

A monsi. de Monsigot quelque chose à la mesme discretion.

A la mere du Cardinal Barberin quelque chose à la mesme discretion

Au Magistrat de cologne à la mesme discretion.

A la Parroisse de sainct Pierre semblablement.

A Labat & Laisné valets de chambre chacun x. mil liures.

A Valot Huissier de bouche deux mil liures.

A Leirant ayde de fruicterie six mil liures.

Aux Augustins, Capucins, & Carmes Deschaussez, & pour les pauures Filles de Cologne, pour les marier, à la mesme discretion du mesme Vicomte Fabrony.

Le preſent Teſtament faiⱦ & paſſé à Coloigne aux iour & an
& indiⱦion cy-deuant dits, & ſi aucunes clauſes ſont requiſes &
neceſſaires, ſa Maieſté les tenant en vertu de cette preſente ; Eu
preſence de Meſſieurs les Nonces ordinaires & extraordinaires
de ſa Sainⱦeté, & des autres teſmoins ſouſſignez, preſent moy
Notaire, à telle fin requis & appellé. Au ſurplus ſa Maieſté a ſigné la preſente, & a requis les Seigneurs Nonces à ſigner auec
elle cette ſienne derniere volonté, ainſi ſigné,   M A R I E.
Et le grand ſcel de ſa Maieſté y appoſé en cire rouge, immedia-
tement les ſignatures des Ambaſſadeurs ſuſdits, Illuſtriſſimes
Seigneurs Nonces Apoſtoliques en termes ſuiuans.

Ego Carolus Archiepiſcopus Tarcenſis hanc voluntatem Re-
giam audiui & ſubſcribere vidi.

Item ego Fabius Epiſcopus Neritouchſis.

Et là ioignant eſtoient ſouſſignez les autres teſmoins en ſtil &
ordre comme s'enſuit.

Ego Frater Benediⱦus Leodius ſummi Capucini Coloniæ Gar-
dianus poſt auditam ſuæ mentis Sacramentalem, Confeßionem, &
datum eidem Viaticum vidi eandem ſuam Maieſtatem, vt ſupra
ſubſcribentem.

Ego frater Simon à ſanⱦe Paulo Prior Carmelitarum Deical-
ceatorum Coloniæ, teſtor vt ante me vidiſſe Reginam matrem illa
ordinaſſe & ſubſcripſiſſe.

Ego Frater Dioniſius Leodius Predicator Capucinus teſtervt
ante me vidiſſe Regiam matrem illa ordinaſſe & ſubſcripſiſſe, at-
teſtor ego ſubſcripius me audiuiſſe ſupradiⱦa.

Ego Don Iulius de Medicis atteſtor audiuiſſe hanc vltimam Re-
giam voluntatem & vidiſſe eam ſubſcribentem, & ſic ordinentem,
& me eum ſupra diⱦis teſtibus Regina matre fuiſſe vocatum.

Sequitur nomen illius qui hunc Teſtamentum à lingua Germa-
nica in quâ conceptus erat, in linguam Galliam redegit & verſio-
nem fecit qui vocatur Ioannes Theodorus Cleant Collonenſis Mi-
nimus Coloniæ, & nomen Notarii qui Teſtamentum hunc recepit &
ſubſcripſit qui vocatur claret Collonenſis immatriculatus.

9 782019 974510